GESTÃO
COM **GENTILEZA**
É POSSÍVEL E DÁ LUCRO

Copyright© 2022 by Literare Books International
Todos os direitos desta edição são reservados à Literare Books International.

Presidente:
Mauricio Sita

Vice-presidente:
Alessandra Ksenhuck

Diretora executiva:
Julyana Rosa

Diretora de projetos:
Gleide Santos

Capa:
Adapt Crew

Diagramação e projeto gráfico:
Gabriel Uchima

Revisão:
Ivani Rezende

Relacionamento com o cliente:
Claudia Pires

Impressão:
Impressul

Dados Internacionais de Catalogação na Publicação (CIP)
(eDOC BRASIL, Belo Horizonte/MG)

S164g	Salgado, Simone. Gestão com gentileza / Simone Salgado. – São Paulo, SP: Literare Books International, 2022. 11 x 17 cm ISBN 978-65-5922-318-3 1. Literatura de não-ficção. 2. Gentileza. 3. Liderança. I. Título. CDD 658.4

Elaborado por Maurício Amormino Júnior – CRB6/2422

Literare Books International.
Rua Antônio Augusto Covello, 472 – Vila Mariana – São Paulo, SP.
CEP 01550-060
Fone: +55 (0**11) 2659-0968
site: www.literarebooks.com.br
e-mail: literare@literarebooks.com.br

Gentileza
(Marisa Monte)

Apagaram tudo
Pintaram tudo de cinza
A palavra no muro ficou coberta de tinta
Apagaram tudo
Pintaram tudo de cinza
Só ficou no muro tristeza e tinta fresca
Nós que passamos apressados
Pelas ruas da cidade
Merecemos ler as letras e as palavras de gentileza
Por isso eu pergunto a você no mundo
Se é mais inteligente o livro ou a sabedoria
O mundo é uma escola
A vida é um circo
"Amor" palavra que liberta
Já dizia o profeta

AGRADECIMENTOS

A todas as pessoas que me ajudaram e contribuíram para que este livro pudesse ser escrito.

A minha equipe fantástica e do bem!

Para o meu "Dad" Sr. Salgado, a pessoa mais gentil que já conheci.

PREFÁCIO

> "Apagaram tudo
> Pintaram tudo de cinza
> A palavra no muro ficou coberta de tinta."
> **Marisa Monte**

"Gentileza" é uma canção da cantora brasileira Marisa Monte, que foi composta em homenagem ao Profeta Gentileza cujas inscrições sofreram vandalismo e estavam ameaçadas.

"Uma vez estava passando pela área do Cais do Porto, aqui no Rio, com meu amigo Carlinhos Brown. Como ele não é do Rio, eu quis mostrar pra ele algo especial da minha cidade que eu sabia que ele ia gostar. Foi quando eu procurei nos pilares do Viaduto do Caju os escritos do Gentileza, figura que me fascinava e que eu conhecia desde a infância. Qual não foi minha decepção quando vi que eles haviam sido apagados pela cia. de limpeza urbana do Rio. Fiquei desolada pensando nos inúmeros significados desse ato numa metrópole como o Rio. O legado do Profeta Gentileza havia desaparecido pra sempre. Na mesma noite, compus 'Gentileza'. 'Apagaram tudo, pintaram

SIMONE SALGADO | 7

tudo de cinza...' Minha voz se uniu a muitas outras e, hoje, graças ao trabalho do Prof. Leonardo Gelman, da ONG Rio Com Gentileza, a obra do Profeta está linda, restaurada e faz parte do inventário afetivo da cidade. Quem não for do Rio e vier visitar, não deixe de conhecer. Gentileza gera gentileza."

(MARISA MONTE)

Por que algumas pessoas, além de não fazerem o bem, não semearem a gentileza, não semearem alegria, prosperidade, desejam apagar a luz dos outros?

Será que o ser humano é bom? Será que o ser humano é ruim? O que faz algumas pessoas serem tão boas e outras serem tão ruins? Qual é o caminho de iluminação que poderíamos buscar juntos para iluminarmos uns aos outros?

Essas são indagações que sempre me faço. E pergunto, o quanto você é gentil, pratica a gentileza em atos, palavras e ações no seu dia a dia?

Todos nós somos passíveis de erros e praticar a gentileza deve estar entre nossos valores para que se torne um hábito. Ao longo dos anos, como gestora, identifiquei muitos problemas comuns entre as pessoas, como fofoca, insatisfação com as lideranças e egos inflados.

Quais são os impactos da gentileza nas empresas? Qual a importância da gentileza no meio organizacional? Como e por que estimular e disseminar a sua prática? Quais os reflexos de ser gentil principalmente no resultado e no lucro das empresas?

Essas são perguntas que busco responder ao longo dos anos como empresária e gestora de negócios e pessoas, que evidenciam a importância e o impacto da gentileza nos meus relacionamentos.

Viver em sociedade é um grande desafio. O convívio promove crescimento e desenvolvimento das pessoas. Vivemos em uma época em que se busca lucro, riqueza, experiências, prazeres, consumo, e tudo muito rápido. Mas como lidar com isso de forma humanizada?

As cobranças são cada vez maiores, é preciso estudar, trabalhar, sustentar a família. E quase não temos tempo para questionar se tudo isso vale a pena. Como é possível evoluir como humanidade de forma ética e justa, em que todos possam alcançar a felicidade, ou pelo menos a satisfação no dia a dia?

Vejo que o uso da gentileza pode ser a resposta. Com gentileza, os temas difíceis ficam mais fáceis de serem abordados, principalmente nas empresas. Ao adotar a gestão fundamentada em gentileza, grandes mudanças e resultados expressivos acontecem.

A gentileza nas organizações é percebida na convivência entre as pessoas, pode ser leve e agradável e gerar resultados positivos para todos, pois o modo como as pessoas se relacionam interfere diretamente no produto ou serviço prestado.

Então convido você para descobrir de que forma a gentileza pode causar impactos no ambiente corporativo, na liderança e no dia a dia das pessoas.

SINTO MUITO.
POR FAVOR, ME PERDOE.
SOU GRATO. EU TE AMO.
ORAÇÃO DO HO'OPONOPONO

COMENTÁRIOS SOBRE A OBRA

Se gentileza é um caminho, por favor, corra. Além de ser um caminho - e não o fim, ser gentil é uma ferramenta de autogestão e de gestão de pessoas nas empresas, além de um estado de vida para todos. A frase do José Datrino, "Gentileza gera gentileza", não nos convida a um despertar de consciência e, sim, a uma mudança de comportamento em todos os lugares: trabalho e sociedade. Parabéns, Simone Salgado, por trazer à tona um tema tão necessário e urgente para a humanidade. Gentileza habita em você e em tudo o que está proposta a fazer.

Sr. Gentileza
Escritor, conferencista e fundador da Rede Mundial de Gentileza Pontinho de Luz

Gestão com gentileza oferece uma extraordinária fórmula de como gerir sua empresa, relações e ações com leveza & amor. Super recomendo!!!

Joyce Silvestre
CEO Jumbo Meat Market

Gestão com gentileza mostra um pouco da essência da Simone. Sempre educada e gentil no trato com as pessoas. E, ao mesmo tempo, uma líder nata. É uma honra ser parceira profissional e amiga da Simone...

Carol Nequirito
Jornalista

Simone nos apresenta neste livro ao seu método de gestão empresarial baseado na prática diária, sistemática, porém natural da gentileza. Gentileza é, neste contexto, sinônima à transparência, respeito e comunicação. Três pilares que têm o *snowball effect* da criação de uma cultura de trabalho engajada, inspirada e produtiva. Em tempos atuais, onde existe tanta dificuldade em nos sentirmos verdadeiramente, humanamente conectados e inspirados, o método *Gestão com gentileza*, com certeza, faz todo o sentido. Como afirma o décimo quarto Dalai Lama: "Be kind whenever possible. It is always possible."

Ana Santos
Editora-chefe e cocriadora
Alô Você Magazine

Gestão sem coração não tem razão. A gentileza nas empresas é, sem dúvida, um dos propósitos mais importantes e bonitos. Além de trazer inúmeros benefícios para o negócio, traz saúde para as pessoas, pois ao praticar a gentileza, nosso organismo libera ocitocina, conhecido como o hormônio do amor, que tem inúmeros benefícios para a saúde do ser humano. Pratique a gentileza. Pratique a gestão com amor. Simone Salgado nos mostra muito bem neste livro que: é possível!

Marina Campos
Escritora

"Gerir pessoas e negócios é uma competência adquirida, e gerir com gentileza é o privilégio só daqueles que se submetem a entender que o trato com nobreza, independentemente de quem seja, gera oportunidade e lucro para os negócios."

Esta é uma excelente leitura para quem quer ser privilegiado.

Michele Lopes
Mentora de gestão estratégica de negócios

....

É muito comum encontrar pessoas que, na teoria, praticam uma boa gestão, mas na prática são muito insuficientes, principalmente quando se trata de pessoas.

Após a leitura de *Gestão com gentileza* fica ainda mais claro que as palavras convencem, mas o exemplo arrasta.

Como colaborador de uma das empresas do SGroup, posso dizer que a alegria e a gentileza, com que Simone contagia cada um de nós, refletem na prática o que é *Gestão com gentileza*. E fico extremamente feliz que ela tenha conseguido traduzir em palavras neste livro seu modelo de gestão, por meio do qual alcançou tanto sucesso.

Luiz Felipe
Assistente administrativo

....

A gratidão, sob todos os aspectos, gera em nós atitudes de gentilezas, capazes de nos fazerem melhores nas relações de trabalho; e isso pode impactar de forma positiva todos os níveis hierárquicos de uma empresa, pois é possível conciliar as exigências do trabalho com paciência, gentileza e bom humor.

"Gerir com gentileza é possível e dá lucro."

Claudio Cardoso Silva
Assistente administrativo

....

De forma inteligente e objetiva, a autora chama nossa atenção para um tema atualmente engolido no nosso cotidiano entre redes sociais, tecnologia e tempos de distanciamento social. A conscientização da "gentileza" é explorada e esclarecida, seguida de reflexões e ações práticas para implantarmos na gestão das equipes e termos os resultados refletidos no lucro das empresas e engajamento das pessoas.

Alexandra Telles
Gestora de equipe comercial

....

Eu li o *Gestão com gentileza* e este livro é extremamente útil para empresas já estabelecidas ou para negócios que estejam começando. Todo líder deve ler caso queira se diferenciar nos novos tempos.

Carlos Costa Jr.
Diretor de RH

APRESENTAÇÃO

Neste livro, Simone Salgado apresenta sua forma de fazer gestão que a destacou como uma profissional e empresária bem-sucedida, reconhecida internacionalmente.

Muitas vezes, ela precisou refazer o caminho e reiniciar a jornada. E é esta experiência que, com muita humildade, ela apresenta como forma de estimular a gentileza em todas as relações, mas principalmente nos negócios. Sim, ela acredita que é possível fazer *Gestão com gentileza*. Pois, como diz o poeta, "Gentileza gera gentileza".

O que ela compartilha conosco, neste livro, é sua experiência nos Estados Unidos como gestora, empresária, palestrante, fundamentada nos princípios da gentileza.

Ela nos conta como é fazer gestão em terras americanas e apresenta um caminho para que você possa ter sucesso. Pessoas são pessoas, independentemente de onde estejam. Elas esperam respeito.

E "nós que passamos apressados
Pelas ruas da cidade
Merecemos ler as letras e as palavras de gentileza".

Com a força desses versos, ela nos mostra os princípios da *Gestão com gentileza* que podem ser aplicados não só nos negócios, mas em todas as relações. Lições sobre como aplicar a gentileza na liderança.

São lições de vida de uma mulher que, além de ser uma grande empreendedora visionária, é uma pessoa doce, amorosa e gentil.

Essa é então a contribuição deste livro. São princípios valiosos que serão úteis para a profissão e para a vida de todos, se aplicados com gentileza.

Àqueles que acreditam que é possível ser gentil nas relações e que "Gentileza gera gentileza", este livro é um convite.

Que ele possa tocar seu coração e que o seu propósito se cumpra.

Márcia Victorio,

Mestre em Educação
Especialista em Gestão de Pessoas

SUMÁRIO

1. O QUE É GENTILEZA...19

2. GENTILEZA EM AÇÃO..21

3. FATORES QUE GARANTEM A GESTÃO COM GENTILEZA............25

4. GENTILEZA NO TRABALHO....................................37

5. GESTÃO COM GENTILEZA......................................41

6. CULTURA DE GENTILEZA......................................45

7. GENTILEZA: COMO COLOCAR EM PRÁTICA NO SEU NEGÓCIO....51

8. O MEDO DE SER GENTIL.......................................65

9. GERIR COM GENTILEZA É POSSÍVEL E DÁ LUCRO....................69

O QUE É GENTILEZA

No Dicionário Brasileiro de Língua Portuguesa, temos como definição da palavra gentileza a "característica ou particularidade de gentil, ação de grande distinção, comportamento distinto em que há nobreza e/ou elegância, delicadeza; amabilidade".

Apresenta-nos como sinônimos de gentileza palavras como atenção, afabilidade, amabilidade, cortesia, delicadeza, educação e graciosidade. E ensina que "descortesia, indelicadeza e deselegância" são palavras contrárias de gentileza.

O ato de ser gentil está relacionado à educação e à cultura de cada pessoa, são os valores adquiridos desde o nascimento e que são reforçados com o convívio familiar.

"Gentileza gera gentileza" é a frase mais conhecida de José Datrino, o Profeta Gentileza, que andava pelas ruas do Rio de Janeiro deixando suas inscrições e levando palavras de amor, bondade e respeito pelo próximo, a todos que cruzassem seu caminho, convidando para viver a gentileza e aplicar a gentileza em toda a Terra.

Ele anunciava que a "gentileza é o remédio para todos os males". Deus é "Gentileza porque é Beleza, Perfeição, Bondade, Riqueza, a Natureza, nosso Pai Criador".

A gentileza está dentro da gente e, por meio de gestos e ações, podemos espalhar e disseminar o bem e despertar a empatia, principalmente com os que não são gentis conosco. Quanto mais hostilidade, mais necessidade de gentileza.

Ser gentil é bem mais que ser educado, simpático, bem-humorado ou respeitoso, é uma atitude que inspira, transforma e faz com que os outros sejam gentis de volta.

"CHIQUE MESMO É SER GENTIL!"

GENTILEZA EM AÇÃO

Venho de uma família simples e sempre tive o servir como um norteador de minhas ações. Herdei isso dos meus pais e dos meus avós. Eles sempre serviram.

Todos os dias, depois do almoço, minha avó preparava um prato de comida com várias colheres para que os meninos carentes pudessem comer. Minha mãe tinha uma loja de aviamentos e juntava os retalhos para doar às pessoas de um bairro simples da cidade, para que elas fizessem tapetes de retalhos para vender. O servir sempre teve fortes raízes em minha vida. Impossível não reproduzir isso.

Lembro-me de quando trabalhava no banco. Eu tinha o costume de levar polpa de fruta e fazer vitamina para todos os funcionários depois do expediente. Isso me deixava feliz e me conectava com as pessoas. Aprendi desde muito cedo que, quando dividimos, na verdade multiplicamos. E que a prosperidade do todo é a prosperidade de cada um.

Quando uma pessoa planta em seu coração sementes de gentileza, ela começa a se educar, diariamente, na prática de atos gentis. Se ela adotar o hábito de ser gentil com, no mínimo, três pessoas por dia, depois de alguns meses, isso passará a ser automático.

Porém, se a pessoa veio de um ambiente hostil em que seus pais eram grosseiros, frios, secos ou se ela cresceu em uma família na qual havia brigas, gritos e discussões, essa pessoa provavelmente guarda muito rancor de coisas que aconteceram em sua infância como abusos, traumas, sofrimentos e ela reproduz, de maneira inconsciente, isso no mundo. Como ser gentil com outras pessoas se ela não consegue ser gentil com o próprio passado? Ser gentil conosco é um exercício que deve ser feito em primeiro lugar.

Ser gentil com quem é gentil é fácil, o desafio é ser gentil com aqueles que não são.

Muitas são as formas de ser gentil no dia a dia. Ser gentil é ter um comportamento educado, amável e cordial com todas as pessoas, sem distinção.

Você pode ser gentil praticando pequenas atitudes e gerar uma onda de atitudes do bem para a melhoria do mundo:

1. Cumprimente com sorriso;
2. Dê passagem a quem está com pressa;
3. Ajude alguém a atravessar a rua;
4. Ceda seu lugar na fila;
5. Elogie genuinamente;
6. Agradeça às pessoas;
7. Ceda seu lugar no transporte;
8. Peça licença;
9. Dê conforto a quem te presta serviços;
10. Leia em voz alta para uma pessoa que não consegue ler;
11. Ouça com atenção e respeito;
12. Faça doações;
13. Seja leal com seus parceiros;
14. Pague o cafezinho do próximo cliente;
15. Arrume o ambiente de trabalho;
16. Recolha o lixo ao caminhar;
17. Ofereça ajuda;
18. Peça desculpas;
19. Escreva uma mensagem positiva e envie para os amigos do trabalho;
20. Dê flores a quem você ama.

Ser gentil é um ganho, contribui para a construção de um mundo melhor, mais amigável e menos preconceituoso. Levar vantagem não é gentil; atalhos podem fazer você chegar mais rápido, mas não garantem que o destino seja o correto, e muito menos próspero.

A gentileza é uma forma de combater as dificuldades dos tempos, é tão importante que foi instituído um dia para comemoração mundial. No dia 13 de novembro, é comemorado o Dia Mundial da Gentileza, movimento criado oficialmente no ano 2000 com a intenção de inspirar a gentileza no mundo.

Pequenas atitudes gentis são capazes de mudar o dia de alguém, tornam as pessoas mais saudáveis, mais produtivas no trabalho e os relacionamentos mais verdadeiros. Além de as tornarem muito mais felizes.

QUANDO VOCÊ É GENTIL COM ALGUÉM, ESSA PESSOA RECEBE UMA DESCARGA DE OXITOCINA (HORMÔNIO DO AMOR) EM SEU ORGANISMO, E ISSO PODE TRANSFORMAR O SEU DIA.

FATORES QUE GARANTEM A GESTÃO COM GENTILEZA

3

Durante muitos anos venho adotando em minhas empresas um modelo de gestão que é pautado na gentileza e no servir, no respeito ao ser humano que coloca seu serviço, habilidades e competências a serviço da minha organização.

Devido ao sucesso dos meus empreendimentos, recebo inúmeros questionamentos e solicitação de orientação de como fazer para implementar o meu modelo de gestão, mas recebo também alguns *feedbacks* sobre a dificuldade de conseguir.

Ouço muito: "Por que é tão difícil fazer *Gestão com gentileza*?"

Creio que não é difícil, mas é uma mudança de paradigma importante, é preciso uma mudança no *mindset* empresarial, é preciso disposição.

Ser gentil é ação!

Elenquei alguns fatores que podem impedir a boa gestão quando se trata de ter atitudes de gentilezas como primícias organizacionais.

1. Clareza sobre a cultura da empresa

Apesar de muito importante, poucos empreendedores sabem o que significa a cultura de uma organização.

A cultura organizacional é aquilo que cola todas as partes, refere-se ao conjunto de valores, crenças e ações que definem a forma como a empresa conduz seu negócio. Diz respeito à história e aos costumes. É um guia de princípios, políticas internas e externas, diretrizes que definem comportamentos e atitudes que devem ser seguidas por todos os funcionários.

A cultura organizacional está diretamente ligada à motivação da empresa e é capaz de estimular a satisfação no trabalho, a motivação e o desempenho dos colaboradores.

É fundamental como base inicial definir visão, missão e valores, para dar direção ao grupo, pois não adianta ter os melhores profissionais se a empresa não souber gerenciá-los e engajá-los.

Para que o modelo *Gestão com gentileza* funcione, é preciso que os princípios façam parte das diretrizes da organização e sejam disseminados em todos os escalões.

É imprescindível estabelecer limites claros de que gentileza, harmonia, educação, respeito e não discriminação são valores principais da organização. Quando os funcionários não sabem o que podem e o que não podem dentro da empresa, a ação do gestor fica comprometida. E ele terá dificuldade de liderar por meio da gentileza se o comportamento das pessoas for incompatível com aquilo que ele foi destinado a fazer e a buscar em nome da empresa.

2. Definição de cargos e projeções de crescimento dentro da empresa

A descrição de cargos é uma ferramenta de grande importância para a boa performance da empresa, ela permite que a organização e os funcionários tenham direcionamento claro sobre as atribuições e expectativas, assim a empresa conhece as características, habilidades, qualidades e conhecimentos necessários para cada cargo e função, podendo gerenciá-los de forma mais assertiva.

A ferramenta é utilizada para os processos de gestão de pessoas e carreira, para atrair e reter talentos e melhorar o clima organizacional, que motiva os funcionários e os estimula a serem ainda mais produtivos, uma vez que conseguem perceber as maneiras de crescer dentro da organização.

O princípio que rege a política de cargos é a transparência. Quando há transparência na comunicação e atitudes da empresa, a confiança é instaurada, todos se sentem mais tranquilos e seguros. E onde há transparência e segurança, há respeito, consideração e, consequentemente, há *Gestão com gentileza*.

3. *Feedback* consistente para os funcionários

Ter uma estrutura de acompanhamento de resultados que pode ser semanal, mensal, trimestral, semestral e anual é poderosa demais para o desenvolvimento de equipes. É fundamental que os empreendedores e gestores compreendam a importância do *feedback*.

O *feedback* é uma ferramenta fundamental para o crescimento das empresas, pois com colaboradores mais capacitados podem ter atuação expressiva no mercado.

Por meio do *feedback*, é possível realizar avaliações das atividades exercidas pelo funcionário, do impacto do seu trabalho, indicar os pontos de melhoria e identificar prioridades, tanto da empresa quanto do profissional.

Numa estrutura de acompanhamento de resultados, é possível direcionar o trabalho, possibilitar o desenvolvimento de alta performance, elevar o engajamento, encorajar ideias inovadoras e fortalecer a cultura organizacional.

Para que funcione adequadamente, a comunicação deve ser efetiva, ela é a chave para que o processo seja realizado com sucesso.

E comunicação é respeito.

*Lembrando que *feedback* deve ser dado de maneira pontual, individual e respeitosa pelos gestores aos seus liderados.

4. Oportunidades de desenvolvimento pessoal, profissional e suporte emocional

Impactos sociais e econômicos podem prejudicar a saúde dos funcionários e sua produtividade.

Que gentileza gera gentileza, é fato. Então, é bom saber que, assim como a gentileza se propaga com facilidade, ansiedade, medo, desesperança e estresse têm o mesmo poder de influência.

Portanto, é importante entender como seus colaboradores estão se sentindo. Qualquer distúrbio emocional certamente afetará o trabalho e a vida pessoal.

Num programa de *Gestão com gentileza*, o ser humano importa e a empresa tem papel decisivo na saúde emocional dos profissionais. Sabemos do impacto que a Síndrome de *Burnout* causa na vida de uma pessoa. Disponibilizar acesso e apoio psicológico para os funcionários é premissa básica para uma gestão gentil.

Quando necessário, é importante que os gestores sejam acessíveis, respeitem a confidencialidade e ajudem a promover o bem-estar das pessoas sob seu comando. Infelizmente o que acontece é que muitos líderes são competentes em seus aspectos técnicos e funcionais, mas não são preparados para situações pessoais.

Cabe à empresa que adere ao modelo *Gestão com gentileza* capacitar e promover condições para o desenvolvimento de habilidades e atitudes gerenciais em favor da empatia e gentileza. Condição esta imprescindível para os objetivos da empresa.

5. Limites claros

Ter uma estrutura de hierarquia clara faz toda diferença e estabelece limites que evitam problemas.

A hierarquia está sempre presente, mas pode facilitar ou dificultar o processo. Esse é um aspecto que deve ser respeitado para uma boa convivência.

Quando bem administrada, traz segurança, evita dúvidas a quem se reportar e define os responsáveis de cada projeto ou atividade.

Entretanto, hierarquia é conquistada, e não imposta. E nisso, a gentileza é peça fundamental. Não deve ser usada como instrumento de poder para ameaçar e pressionar os funcionários. Chefes e subordinados precisam encontrar a medida exata para as funções e responsabilidades baseadas no profissionalismo de todos os envolvidos.

Para que o trabalho e os processos fluam de modo gentil, harmonioso, produtivo e eficiente, é que existe a hierarquia.

"Manda quem pode, obedece quem tem juízo" já não faz mais sentido nos tempos atuais. Uma hierarquia bem planejada é aquela que valoriza cada posição e confere importância a elas dentro da estrutura, o que a faz respeitada por toda equipe.

6. Livrar-se da "batata podre"

Há um ditado que diz: "uma batata podre estraga todo o saco".

Gerenciar com gentileza implica ser gentil com o grupo. Mas a partir do momento que uma pessoa está prejudicando o todo, é preciso estabelecer como isso pode ser reportado aos setores responsáveis de maneira direta, assertiva, sem drama e fofoca, pois atitudes como esta contaminam qualquer ambiente de trabalho.

Como eliminar uma "batata podre" de maneira clara, assertiva, transparente e de forma respeitosa, deixando claro que o estilo de trabalho dela não está de acordo com o que a empresa busca?

Quando uma pessoa apresenta discordância com os valores da empresa em sua conduta, ela passa a representar um risco para o ambiente de trabalho e para a imagem da empresa. Não há como relevar atitudes que indiquem falta de ética e de caráter.

Apesar de ser uma situação muito delicada, demissões fazem parte da gestão empresarial. Mas quando é hora de demitir um funcionário? Vários são os motivos (produtividade, motivação, conduta, desinteresse, custos) que podem levar a uma demissão, mas, antes que aconteça, muitos fatores podem ser considerados.

O alinhamento e a transparência em relação à cultura da empresa e aos valores ajudam muito nesses momentos.

Feedbacks, orientações, treinamentos e advertências podem ser tentados antes de chegar à decisão final de uma demissão.

No modelo de *Gestão com gentileza*, quando uma demissão é inevitável, isso também é tratado com respeito e cuidado. É preciso minimizar o desgaste para todas as partes e a equipe de gestão deve estar preparada.

Atitudes de respeito com o funcionário a ser demitido devem ser consideradas e ferramentas podem ser utilizadas de forma gentil. Os dados e indicadores dos *feedbacks* mostram a causa da demissão, a presença do gestor para informar e explicar os motivos da decisão da empresa é uma forma de transparência.

É preciso também pensar na equipe que fica e que também é impactada pela demissão. Para evitar boatos, cabe ao líder comunicar a demissão com informações estritamente necessárias evitando excesso de fofocas e especulações, mas sem entrar em detalhes ou expor a pessoa que saiu.

Nesse momento, espera-se que um líder gentil tenha atitudes de generosidade, respeito, transparência e empatia com todos.

7. Reuniões periódicas e pontuais de melhoria

"Somos o que repetidamente fazemos.
A excelência, portanto, não é um feito, mas um hábito."
Aristóteles

A melhoria precisa ser praticada diariamente e, para isso, é necessário que ela se torne uma atitude normal, um hábito.

As reuniões de acompanhamento das metas são essenciais para monitoramento dos resultados atingidos e a atingir, para garantir alinhamento e engajamento da equipe de trabalho e fazer os ajustes necessários.

Periodicamente, é preciso verificar se está tudo funcionando bem e realizar o ajuste necessário. Envolver a equipe por meio de reuniões de *brainstorming* cria engajamento e autorresponsabilidade. Reuniões rápidas com os envolvidos para a criação de planos de ações pontuais funciona bem, pois desde as ações mais simples até as mais complexas requerem disposição e envolvimento.

A participação da liderança é fundamental e funciona como exemplo. As pessoas se espelham nos líderes.

Acredito que todo hábito é movido por uma mentalidade. Se a empresa adota o princípio da excelência em seus processos, essa mentalidade é a que direciona o comportamento dos funcionários. O foco sempre estará na solução e não no problema; estes serão oportunidades de crescimento e realização.

Na *Gestão com gentileza*, os problemas são motivadores para o empenho do potencial de cada pessoa dentro da empresa e o esforço de cada um sempre é valorizado e reconhecido publicamente, as pessoas gostam de ser bem tratadas e valorizadas. Isso impacta no clima da equipe.

8. Considerar que o funcionário tem uma vida fora da empresa

Quais são os limites? A empresa precisa respeitar o funcionário e seu horário de trabalho e respeitar o limite da vida privada de cada um.

Com o avanço da tecnologia, passamos a maior parte do dia conectados às redes sociais e aplicativos de mensagens instantâneas, elas facilitam a comunicação nas relações e as empresas usam como linha direta com os funcionários, mas isso não dá à empresa o direito de fazer solicitações aos funcionários fora de seu horário de trabalho ou aos finais de semana, nem abusar das ferramentas, salvo se houver um contrato específico.

Muitos trabalhadores acabam atendendo o telefone ou respondendo a mensagens por medo de demissão ou por pressão do próprio empregador.

Cumprir os acordos é uma forma de respeitar os funcionários, evitar conflitos e proteger a empresa de possíveis processos trabalhistas.

E sempre vale o bom senso, como há um limite nas solicitações de trabalho fora do expediente, deve haver limites nas comunicações particulares dentro do horário de trabalho.

"SEJA SEMPRE GENTIL, NUNCA SABEMOS PELO QUE O OUTRO ESTÁ PASSANDO."

GENTILEZA NO TRABALHO

Gentileza no trabalho gera resultados positivos. Em tempos de pressa e competição, demonstrar gentileza é ser colaborativo. Quem é gentil mantém uma postura de respeito com o outro.

"Gentileza gera gentileza." É muito comum ouvirmos a frase, ela nos traz a ideia de que ao agir com cordialidade seremos retribuídos da mesma forma. Será?

Ser gentil ainda não é possível para todas as pessoas, ainda não vivenciamos isso no dia a dia. O que é mais comum é nos depararmos com o mau humor e a grosseira das pessoas, inclusive no trabalho e nos negócios.

Dentro das empresas, a gentileza é uma atitude capaz de melhorar as relações de trabalho com chefes, colegas e clientes. Um profissional gentil e educado tem mais chances dentro das corporações;

não se trata de ser amigo das pessoas, e sim de ter atitudes gentis como conduta.

Colegas de trabalho podem agir de forma cordial com a equipe – e isso pode impactar todos os níveis hierárquicos de uma empresa de forma positiva, pois é possível conciliar as exigências do trabalho com paciência, gentileza e bom humor.

Um dos maiores desafios do excesso de cobrança dentro de uma companhia é que ela é exercida em cascata. A pressão começa na cúpula e vem descendo pela hierarquia, e normalmente vem de forma abrupta e mal-educada.

É extremamente importante ter resultados, mas não se pode atropelar os seres humanos que exercem as atividades da empresa quando se trata de *Gestão com gentileza*. É preciso dar um passo atrás e focar no poder do ambiente.

Quando há compreensão dos reflexos da gentileza entre as pessoas nos resultados e na produtividade gerando um ambiente saudável, harmônico e feliz, as corporações passam a adotar esse modelo de gestão de forma inovadora, tranquila e assertiva.

A minha vivência em projetos organizacionais constatou a urgência de se pensar em intervenções simples, humanizadas e diretas, que são compostas de ações de gentileza em que todos os profissionais tenham condições de participar e se beneficiar dos resultados. A gentileza é uma ferramenta eficiente, capaz de promover ações positivas e estimular as pessoas a se dedicarem cada vez mais às suas atividades, e mais, torna o ambiente de trabalho muito mais saudável.

Entretanto, é preciso saber que quando falamos em *Gestão com gentileza* estamos falando de pessoas, de seres humanos completos, complexos e com sonhos.

Se você deseja uma empresa que tenha sucesso, resultados positivos, ambientes cheios de alegria, de prosperidade, a receita é: plante sementes de gentileza todos os dias dentro do ambiente de trabalho. É preciso amar e respeitar antes de desejar e conquistar.

Esse é um segredo que está ao alcance das nossas mãos. Plante sementes de prosperidade com gentileza, gratidão, generosidade e muito amor.

SER GENTIL FAZ BEM!

5
GESTÃO COM GENTILEZA

Gentileza é o grande diferencial para a empresa que deseja se destacar num mercado tão competitivo e desleal. Ela te ajudará a atrair e fidelizar clientes e melhorar seus resultados.

Hoje em dia quem se relaciona com empatia, cordialidade e respeito é quem consegue restabelecer relacionamentos sólidos.

Mais do que isso, pessoas gentis são mais felizes!

E a felicidade é um dos índices mais importantes no trabalho, buscado pelas empresas atualmente. Colaboradores felizes têm efeitos positivos na organização, impactam na produtividade, no engajamento, interferem no clima organizacional. De acordo com estudo publicado pela Revista Portuguesa de Medicina Geral e Familiar, os profissionais mais felizes estão mais envolvidos em suas atividades laborais, são mais produtivos e eficazes, são mais capacitados e satisfeitos com

SIMONE SALGADO | 41

seu local de trabalho e apresentam maior grau de bem-estar ou felicidade[*].

Mas só é possível liderar com generosidade e com gentileza se o líder souber o que é ser gentil, o que é ser generoso. Se você é líder de uma equipe, é preciso eliminar as atitudes negativas da sua empresa e promover um ambiente corporativo saudável para todos.

Por isso destaco a importância da gentileza no meio organizacional, bem como as formas de estimular e disseminar a sua prática. A maioria das gentilezas não custa nada e promove mudanças que podem gerar grandes resultados, criando uma cultura corporativa que ajuda a proteger as empresas de vários dissabores.

Ao adotar o modelo de gestão pautado em gentileza, vejo e recomendo que é preciso deixar muito claro dentro de nossas empresas que gentileza é condição básica para a boa convivência e harmonização do ambiente de trabalho, para a produtividade de nossos colaboradores. É preciso promover e vivenciar a cultura de gentileza. E essa postura deve começar com os altos escalões.

Como gestor, ao praticar e deixar claro esse princípio, aos poucos percebem-se os resultados. É

---

[*] Rev Port Med Geral Fam 2018; 34:26-32: A felicidade e o engajamento no trabalho nos cuidados de saúde primários.

necessário que haja clareza na comunicação, compreender e comunicar que, em ambientes harmônicos e gentis, a primícia básica é eliminar racismo, preconceito e discriminação de qualquer tipo. É imprescindível que haja respeito entre os colegas.

Quando gentileza é uma exigência da empresa e a educação é fundamental no tratamento com os colegas e clientes, todo aquele que não se encaixa nesse padrão acaba saindo da empresa por não haver ressonância com os valores, é naturalmente expelido pelo ambiente.

A *Gestão com gentileza* tem um poder incrível de promover harmonia, convivência pacífica, saudável, capaz de manter um ambiente mental e emocionalmente equilibrado. Liderar com gentileza é dar uma boa causa pela qual as pessoas queiram lutar, ou realizar com alegria uma atividade, é ser humilde e não deixar que a autoridade prevaleça em sua conduta, que mais afasta que aproxima os que estão a sua volta.

A arrogância é um mal nas organizações. É perfeitamente possível ser um líder mantendo boas relações de cordialidade, educação, respeito, empatia e compaixão e aprender a ser gentil no trabalho é importante, porque é onde passamos a maior parte de nossas vidas.

O processo de desenvolvimento da *Gestão com gentileza* deve começar dentro de nós mesmos. Não devemos esperar uma atitude alheia como se o outro fosse o responsável pelo primeiro passo.

Cabe ao bom líder saber conduzir sua equipe com clareza em cada situação do dia a dia, ajudando os colaboradores para que se sintam respeitados e considerados pela empresa.

> **"QUANDO O GERENTE EXPRESSA ABERTAMENTE A SUA FÉ NA HABILIDADE DE UM FUNCIONÁRIO, ELE NÃO MELHORA O HUMOR E A MOTIVAÇÃO; ELE REALMENTE MELHORA SUA POSSIBILIDADE DE SUCESSO."**
>
> **SHAWN ACHOR**

CULTURA DE GENTILEZA

6

Quando uma pessoa é apaixonada pelo seu trabalho, ela se torna parte dele; seu maior desejo é fazer diferença por meio de um bom trabalho.

Fui estagiária no Banco do Brasil, aos 18 anos de idade, e tinha o costume de chegar mais cedo e sair mais tarde. Lembro que me apaixonei tanto pelo trabalho que fiz várias sugestões de melhoria para o atendimento. Percebi que no dia do pagamento as pessoas chegavam bem cedo e ficavam muito tempo esperando até que a agência abrisse. Quando eu chegava, percebia que sempre havia muitos idosos esperando para receber o seu benefício. Pedi ao gerente para chegar mais cedo, a fim de poder ajudá-los com os recebimentos no caixa eletrônico. Eles tinham muitas dificuldades. Fui autorizada e, nos dias de pagamento, chegava às 9h30 da manhã para começar o atendimento. Pedi à minha mãe que fizesse uma camisa, minha tia Marli bordou o nome do banco. Eu ficava lá fora de "uniforme" ajudando as pessoas. Eu adorava estar ali! Além dos clientes, meu relacionamento com os colegas era muito bom, fiquei amiga de, praticamente, todo mundo.

É lógico que muitos me chamavam de "puxa-saco", porque estava trabalhando horas a mais. Mas tudo que eu fazia era, primeiramente por mim, com o desejo de aprender e com foco em crescer e ir além.

Eu me divertia fazendo meu trabalho e produzia bastante. Além de ajudar do lado de fora, percorria os dois andares da agência auxiliando a todos. Quando o banco fechava, ia para a compensação, área onde só os funcionários mais experientes trabalhavam. "Eu me achava!" Pois fazia um trabalho de "gente grande".

Quando meu período como *trainee* terminou, o que você acha que aconteceu?

Meu gerente, um curitibano chamado Sérgio, me falou: "Você não vai sair". Ligou para a superintendência pedindo autorização para eu ficar, mas não permitiram porque eu já havia cumprido dois períodos de estágio. Ele insistiu, não poderia me perder, e disse que, se a renovação não fosse aprovada, eu continuaria trabalhando e os próprios funcionários arcariam com meu salário. Conseguiu a renovação.

O que carrego de ensinamento desse período é que, quando entrego um trabalho com excelência e planto sementes de gentileza, sou eu quem mais ganha. Exige esforço, dá trabalho, mas é assim que você constrói sua reputação.

Quando se adota uma postura de gentileza dentro da empresa, inicia-se um processo de criação de comportamentos e atitudes em que os membros da organização desenvolvem, naturalmente, padrões de como agirão. Criam um jeito de fazer que é muito peculiar.

Os comportamentos criam a cultura da empresa e a cultura reforça os comportamentos nivelados, não hierárquicos. Tais comportamentos se transformam num ciclo positivo que contribui com um ambiente mais agradável, cria o senso de pertencimento e conectividade.

A cultura organizacional é o alicerce de uma empresa. E as pessoas são a base da cultura, o recurso mais valioso.

Idalberto Chiavenato define a cultura organizacional como o "conjunto de hábitos e crenças, estabelecidos através de normas, valores, atitudes e expectativas compartilhadas por todos os membros da organização".

É a forma como são feitas as coisas numa empresa, a identidade e a mentalidade, o jeito de fazer e pensar corporativo que é compartilhado pelos membros dela. Só se conhece plenamente uma organização quando se compreende sua cultura.

A cultura organizacional é transmitida naturalmente aos novos membros pelos colegas, pelos líderes e gestores no seu dia a dia.

No modelo *Gestão com gentileza*, as atitudes são replicadas pelos líderes e modeladas por todos os demais. É importante ter metas e objetivos, mas o mais importante é ter clareza de onde se quer chegar. Ter objetivos semanais, quinzenais, mensais, avaliação constante de resultados e comunicação clara e gentil com cada um dos colaboradores.

É importante transparência, que tenham consciência do que o líder e a empresa esperam de cada um deles, promover o espírito de pertencimento, conhecer seus colaboradores. Sempre que possível, perguntar como estão e ter o interesse genuíno em ouvir a resposta. Conhecer suas sugestões, reclamações, ideias de melhoria. E lembre-se; existem ferramentas para isso, e o RH deve estar enraizado com a cultura da empresa (o RH deve entender e vivenciar a cultura da empresa), para direcionar e cuidar dos colaboradores de forma congruente com a cultura da empresa.

Ouvir genuinamente um colaborador implica perguntar quais seus planos de permanência na empresa, o que é possível fazer para que ele se sinta desafiado, contribua e deseje crescer na e com a empresa.

Ouvir é um ato de gentileza e respeito. Mas ouvir não é só perguntar por perguntar. Se um empresário, gestor ou líder não tem cinco minutos para ouvir seus funcionários, alguma coisa está muito errada. Talvez você não consiga, mas os seus diretores, gerentes, líderes precisam fazer isso uns com os outros por toda a hierarquia. Não se medem resultados, saúde mental e emocional da sua empresa por "achismo". São necessários *feedbacks* claros, é preciso confiar nas pessoas que fazem a engrenagem girar.

O hábito de realizar pequenas gentilezas nas empresas dissemina comportamentos que passam a fazer parte da empresa, sendo praticados não apenas pelas pessoas, mas pela empresa.

As gentilezas brotam dos valores de uma pessoa e os líderes podem realizar gestos que se tornem grandes feitos. A gentileza é uma parte fundamental da condição humana e ajuda a nos conectar emocionalmente com outras pessoas por meio da empatia.

**"NENHUM GESTO DE GENTILEZA
É PEQUENO DEMAIS E NUNCA É PERDIDO."
ESOPO - FILÓSOFO GREGO**

GENTILEZA: COMO COLOCAR EM PRÁTICA NO SEU NEGÓCIO

A simpatia aliada à gentileza e ao atendimento de excelência conquista o coração de qualquer cliente.

Pequenos gestos e uma liderança gentil constroem grandes empresas.

Você já deve ter ouvido o ditado popular "na prática, a teoria é outra", e ele serve para justificar coisas que não funcionam como deveriam.

Às vezes é difícil convencer as empresas e as pessoas sobre teorias que parecem simples demais, perfeitas demais, boas demais "para serem verdade", pois muitas vezes precisamos lidar com a desconfiança de profissionais que buscam resultados rápidos e mágicos e não estão dispostos a fazer o que é preciso para obter o que deseja.

Um ponto de atenção para que a gentileza funcione na gestão é saber que o imediatismo é inimigo da eficácia. E isso explica parte do ditado popular.

Uma estratégia baseada na teoria precisa que os gestores sigam o plano e tenham paciência para cumprir as etapas necessárias. Teoria e prática precisam caminhar juntas, em um ciclo de crescimento e aperfeiçoamento.

Considerando que, diante de desafios, a tendência é abandonar o plano e seguir o que parece mais fácil e comum, o que pode ser feito na prática?

Para mim, *Gestão com gentileza* já não é mais uma teoria porque a experimento na prática e sei que funciona.

É uma abordagem que começa com os diretores, "de cima para baixo", capaz de influenciar o desempenho da empresa, dos funcionários, clientes, atrair e reter talentos profissionais.

Buscar fórmulas mágicas e rápidas inviabiliza o plano estratégico. Então, o que um gestor poderia fazer para implementar a *Gestão com gentileza* em seu negócio, em sua equipe?

Existem ações que são necessárias para que haja sucesso neste modelo de gestão.

1. Manter em alta a energia da equipe

É no trabalho que passamos a maior parte do dia, por isso precisamos estar tranquilos nesse ambiente. Funcionários felizes são mais saudáveis, mais produtivos, colaboram mais, dão mais ideias que ajudam a todos.

Em sua maioria, falhas ou acidentes que ocorrem durante a jornada de trabalho não acontecem em razão da capacidade técnica das pessoas, mas sim em função de conflitos interpessoais.

O gestor precisa estar atento ao comportamento das pessoas de sua equipe. É preciso conhecê-las, percebê-las, notar que elas existem e que seu comportamento, perfil, modo de agir e ser influenciam o ambiente da empresa.

Nas minhas empresas, já na contratação, utilizo uma ferramenta de desenvolvimento humano que me permite uma análise do perfil de comunicação pessoal. A ferramenta analisa os candidatos possibilitando que se haja o melhor alinhamento entre o cargo e a pessoa, desse modo eu posso contratar o profissional mais adequado para a vaga.

Para mim, como gestora, empresária e líder, é importante saber como as pessoas se motivam, quais suas principais habilidades e tendências de comunicação e ação. Entender o perfil de personalidade ajuda o gestor a promover integração da equipe. Conhecer o perfil do time permite a prática de uma gestão mais assertiva. O acompanhamento das equipes para a manutenção da energia da equipe deve ser organizado de acordo com o número de funcionários.

Uma equipe pequena requer um número de gestores menor, diferente de uma empresa com mais de 30 colaboradores, que talvez precise de mais gestores para manter o acompanhamento. É preciso adaptar de acordo com a realidade de cada empresa.

Somente quando conhecemos as pessoas com quem trabalhamos e estamos atentos é que podemos perceber as mudanças de comportamento; esta é uma forma de aplicar gentileza em nossas empresas. A gentileza começa com o reconhecimento da existência e da importância dos funcionários para os resultados da empresa.

Conhecer e trabalhar o perfil comportamental tem muitos benefícios para o clima organizacional (energia). Posso citar alguns:

- Possibilidade de desenvolvimento e crescimento pessoal;
- Diversidade e inclusão;
- Trabalho em equipe;
- Melhoria na comunicação e nos relacionamentos;
- Integração com colaboradores;

- Desenvolvimento de habilidades interpessoais para trabalhar melhor com pessoas;
- O ato de fazer dessas habilidades é um instrumento na potencialização de seus negócios em sua área de atuação;
- Análise detalhada das fortalezas pessoais, possibilitando as pessoas a conhecerem a si mesmas e as empresas a conhecerem os seus colaboradores com profundidade, permitindo valorizá-los e potencializá-los de acordo com suas capacidades;
- Comunicação intrapessoal;
- Quando uma empresa se preocupa com a pessoa que há por trás da função exercida, é mais fácil praticar um modelo de gestão voltado às práticas de gentileza.

2. Apoio psicológico e emocional

Um dos grandes desafios dos empresários e dos profissionais é saber como manter a produtividade e ser eficaz no trabalho, principalmente no cenário atual.

Ser efetivo é fazer coisas que dão resultados. E as pessoas mais efetivas são aquelas que possuem pleno conhecimento de si mesmas, das suas forças e fraquezas. Elas têm a possibilidade de desenvolver estratégias que permitam atender as exigências, para fazer frente às necessidades do trabalho e alcançar o sucesso.

Ser efetivo não é uma característica nata, todo mundo pode aprender a ser efetivo com aprendizado e aplicação prática.

Gestores e Departamento de Recursos Humanos devem estar preparados para dar suporte emocional aos colaboradores, não só nesse momento de mudança e incerteza, mas sempre.

Nas empresas do S. Group Investments, os gestores são treinados para estarem sempre atentos e os funcionários recebem apoio para acompanhamento psicológico, um incentivo para que eles possam se conhecer melhor e se desenvolverem pessoal e profissionalmente.

É importante para a organização que o funcionário tenha percepção clara das suas necessidades, habilidades e dos seus pontos fracos, que estão relacionados às suas competências profissionais e daquilo que precisa ser melhorado.

As pessoas devem ser orientadas quanto à importância do apoio emocional profissional e das formas de enfrentamento de seus desafios, e a empresa deve ser transparente em sua política e diretrizes.

3. Treinamentos de Inteligência Emocional

Todos os dias tomamos muitas decisões baseadas na emoção.

Além do atendimento psicológico individual, treinamentos em grupos são importantes, principalmente os de Inteligência Emocional (IE). Pessoas são emocionais e as emoções não podem ser ignoradas no local de trabalho, pois seus efeitos são brutais, não só para as empresas, mas também para os colaboradores.

A inteligência emocional é a capacidade que temos de compreender e gerir as nossas emoções. As empresas estão cada vez mais atentas a esse tema e os treinamentos pontuais de desenvolvimento pessoal e profissional promovem o bem-estar dos funcionários e a qualidade dos serviços da empresa.

No meu livro Inteligência Emocional Feminina abordo extensivamente esse tema e como os aspectos das emoções influenciam e impactam no desenvolvimento da liderança feminina.

Uma das maiores referências acadêmicas na área da Inteligência Emocional é Daniel Goleman. Ele ensina que a autoconsciência, autogestão e a empatia são alguns dos fatores da inteligência emocional. Esses fatores são fundamentais para a *Gestão com gentileza.*

Para o autor, o conceito de inteligência emocional aplica-se muito bem ao contexto laboral. O trabalho é uma das principais atividades da vida de uma pessoa. Ela passa grande parte de seus dias no ambiente de trabalho sendo diretamente impactada física e mentalmente.

Para definir aptidões da IE, Goleman engloba competências pessoais e sociais, características de personalidade ou habilidade e as divide em cinco domínios principais:

a. **Autoconsciência** - conhecer as próprias emoções: capacidade de controlar sentimentos a cada momento favorecendo o "discernimento emocional e autocompreensão";

b. **Autorregulação** - lidar com emoções: facilitador do pensamento em relação à atuação da emoção nos processos mentais de pensamento e inteligência, auxilia no processo intelectual e promove a autoconsciência;

c. **Automotivação** - motivar-se: diz respeito à busca do autocontrole e automotivação, colocando as emoções em prol de um objetivo principal;

d. **Empatia** - reconhecer emoções nos outros: precisão em identificar emoções e conteúdo emocional em si e em outras pessoas. Promove a autoconsciência emocional e a empatia;

e. **Habilidades sociais** - lidar com relacionamentos: aptidão de lidar com as emoções de terceiros. Sugere habilidades de popularidade, eficiência interpessoal e liderança. De acordo com o autor, as pessoas apresentam diferenças nas aptidões em cada um dos domínios citados, podendo ter mais habilidade em um e ser inepto em outro.

Quando há níveis baixos de inteligência emocional para manter a motivação e estabelecer boas relações interpessoais, a produtividade pode ficar comprometida. Mudanças sociais e no mercado de trabalho, alterações nas profissões e nos vínculos trabalhistas organizacionais, desempregos e subempregos exigem habilidades diferenciadas.

Promover o desenvolvimento de inteligência emocional nos programas de desenvolvimento de gestão é importante, porque os efeitos são duradouros. As pessoas serão mais felizes e conseguirão compreender melhor umas às outras.

4. Integração: missão, visão, valores, diretrizes e estratégias, código de conduta

Um programa de integração e reintegração é imprescindível para que haja harmonia entre os funcionários, e o trabalho aconteça de maneira mais produtiva.

O profissional deve se conectar aos valores e à missão da organização, sentindo-se parte do seu contexto corporativo. Por isso integrar os membros na cultura organizacional da empresa pode ser um desafio para os gestores.

É preciso ter um bom planejamento de integração rápida para os novos funcionários e manutenção dos demais.

Quando o profissional é contratado, ele está motivado, disposto. E este é o momento adequado para que as diretrizes sejam apresentadas e ele seja incluído no modelo de *Gestão com gentileza*. É o momento perfeito para que ele se adapte à cultura e desenvolva um sentimento de pertencimento. Isso evita que com o tempo esse profissional se sinta deslocado ou perdido em relação ao jeito da empresa fazer negócios e se relacionar com funcionários e clientes.

Esse processo pode diminuir a rotatividade da empresa, promover integração, engajamento e união da equipe; fortalecer a cultura organizacional, aumentar a qualidade dos relacionamentos e evitar os custos que a saída de funcionários gera.

O programa pode ser realizado de forma clara, objetiva e dinâmica por meio de palestras de apresentação, reuniões, gamificação, virtual ou presencial. Podem ser utilizados recursos como o *storytelling* para apresentar a história da empresa, seu propósito, missão, visão e seus valores.

É importante que as orientações sejam realizadas aos poucos, mas de forma constante no dia a dia e o novo funcionário precisa entender rapidamente o modo de funcionamento da empresa. Informação demais de uma só vez pode não ser absorvida completamente. Por isso, o papel do gestor é importante. Ele pode desenvolver um cronograma das atividades que serão realizadas na integração.

Por fim, o acompanhamento da adaptação do novo profissional deve ser considerado com atenção, para que sejam identificadas oportunidades de melhoria e correção de erros iniciais que contribuem para que o colaborador se sinta integrado à sua nova função.

5. Comunicação corporal e assertiva para os líderes

É fato a importância de desenvolver uma comunicação assertiva na organização. Importante pontuar que os gestores e os líderes precisam ter noções de oratória, de comunicação assertiva, empática e entender um pouco de linguagem corporal.

Não há como ser gentil sem ter comunicação assertiva e compreender as mensagens não verbais.

Em um primeiro momento, imaginamos que nos comunicamos claramente, entendemos o próprio humor e dos colegas, falamos com confiança ao apresentar um ponto de vista e que nossos interlocutores nos compreendem. Porém isso nem sempre acontece como queremos.

A comunicação assertiva beneficia as empresas e suas equipes, facilita a solução de conflitos e a motivação dos funcionários. Ela deve ser clara, respeitosa e sem espaço para dúvidas ou mal-entendidos.

Ser assertivo na comunicação é uma habilidade que pode e deve ser desenvolvida e não pode faltar nos profissionais de uma empresa, principalmente para os líderes. Isso permite o aumento da autoconfiança, firmeza nas decisões e credibilidade nas ações e muitas outras vantagens.

No modelo de *Gestão com gentileza*, a comunicação é voltada para a interação, compreensão e estímulo ao diálogo saudável. Ela promove o alinhamento da equipe, facilita o engajamento e reduz a pressão do ambiente.

6. Surpreender a equipe

Oferecer boas condições de trabalho, salário justo, oportunidades iguais e ambiente harmonioso e ético não são gentilezas, é cumprimento da legislação.

Muitas empresas se limitam a cumprir normas, mas isso não é gentileza e não traz resultados além dos necessários.

Gift cards, mimos, pequenas gentilezas podem criar um clima organizacional saudável e estimular a participação dos funcionários. É fundamental ter um alinhamento dessa política para evitar protecionismos.

Somos funcionários, mas antes somos pessoas, desejamos respeito, consideração e reconhecimento. Não é assim com você?

Muitas formas de gentileza são autênticas, de baixo custo e podem ser usadas com frequência para reconhecer as pessoas.

Um simples "obrigado", um cartão de reconhecimento, um elogio são ações que fazem diferença na vida diária de qualquer profissional e devem ser priorizadas. Muitas condutas gentis que não exigem permissão ou investimento financeiro, mas são transformadoras.

É muito difícil que uma pessoa esqueça como se sente quando é surpreendida positivamente por meio de um mimo ou um presente personalizado. Para quem recebe, tem muito significado e cria um movimento que faz com que todos pensem em tornar o dia a dia melhor ou especial.

Existem inúmeros exemplos de reconhecimento como um café da manhã gourmet para celebrar o empenho da equipe, folga surpresa e prolongada em agradecimento à colaboração, kits de beleza, cestas de chocolate, cartões de agradecimento. As formas são infinitas e cada empresa pode pensar no que é viável para sua realidade.

Não deve ser considerada uma praxe, mas um mimo, uma gentileza. Essa cultura na sua empresa pode provocar muitas mudanças no ambiente, tornando-o mais colaborativo e indiretamente alcançando maior satisfação do cliente por ser atendido por funcionários gentis.

Entender o que é importante, o que é valor para os funcionários e retribuir é muito vantajoso, todos querem se sentir queridos. É uma postura ganha-ganha que cria um ciclo virtuoso dentro de nossas organizações, é uma estratégia que deve ser analisada com foco no longo prazo, ela abre portas para a amizade e a humanização.

> ## "SEJA GENTIL QUANDO FOR POSSÍVEL... SEMPRE É POSSÍVEL."
> ### DALAI LAMA

O MEDO DE SER GENTIL

8

*Não confunda a minha
gentileza com fraqueza.*

Muitas pessoas têm medo de serem gentis e serem confundidas com pessoas fracas. Um líder precisa se fortalecer, ele precisa se desenvolver emocionalmente. É necessário estudar e aprender sobre diversas áreas. Ter conhecimento sobre gestão, liderança, mas não só.

É preciso ter uma visão ampliada, interessar-se por áreas diferentes de sua especialidade. O líder é uma referência.

Penso que só cheguei onde estou e consegui os resultados que tenho por ser uma pessoa curiosa, estudiosa. Eu passo por um processo de desenvolvimento e aprendizado contínuo, sempre em formação. Interesso-me por *business*, negociação, finanças, gestão, empreendedorismo.

Mas também por relacionamento, inteligência emocional, criação de filhos.

Estou em constante movimento, e todo conhecimento adquirido vai ampliando meu capital intelectual, vai sendo somado às experiências pessoais e profissionais. Quando faço mentorias, sou uma boa aluna, pois isso me torna uma boa professora. Aprendo visões diferentes, conheço os pontos fortes e desenvolvo minha mentalidade de empresária. Cresço e todo conhecimento é aplicado em minha gestão, todo conhecimento é aplicado na forma de administrar.

Um líder tem que buscar consistência e desenvolvimento. Buscar práticas que o ajude a obter equilíbrio emocional, seja por meio da meditação, *mindfulness*, exercícios, yoga, caminhada, contato com a natureza, contato com animais e terapia. Aquilo que melhor atende sua necessidade.

A aprendizagem contínua é uma competência e está relacionada à capacidade de aprender e renovar conhecimentos, atitudes e habilidades ao longo da vida.

> "Quanto mais você investir em educação, mais você conseguirá se adaptar a um mercado em mutação."
> **Leandro Karnal**

Novas habilidades e competências são exigidas. O mercado sempre exigirá alguém atualizado, que se desafie continuamente. Novos problemas pedem novas respostas. É preciso adaptabilidade.

Inúmeras são as pessoas infelizes no trabalho mostrando que os gestores ocupam um papel imprescindível e precisam ter olhos atentos e uma liderança gentil para perceber seus funcionários e fazer com que eles deem o melhor de si.

Somente funcionários felizes são envolvidos, colaboram, apoiam as mudanças e são motivados por algo além do trabalho. Eles sentem conexão com a empresa, colegas, líderes e esse envolvimento é alcançado por meio de uma cultura que tem a gentileza como norma.

NUNCA CONFUNDA GENTILEZA COM FRAQUEZA.

GERIR COM GENTILEZA É POSSÍVEL E DÁ LUCRO

> "Aprendi que as pessoas vão esquecer o que você disse. E as pessoas vão esquecer o que você fez. Mas elas jamais esquecerão como você as fez sentir."
>
> **Maya Angelou**

Para promover a gentileza em uma organização, é preciso considerar que ela é contagiante e criar condições para que todos possam senti-la e praticá-la.

A cultura de conexão, compaixão e gentileza entre as pessoas de uma empresa só é possível por meio de exemplos em que todos estão dispostos a exercer tal atitude no seu dia a dia.

A única maneira de se conseguir isso é educando, estimulando as pessoas, dando a elas permissão e oportunidades de serem gentis.

Quando os funcionários estão motivados, têm orgulho do que fazem, gostam da empresa e do ambiente em que trabalham; quando eles se sentem reconhecidos e bem tratados, eles passam a demonstrar gentileza pelos colegas e pelos clientes.

Não obriga ninguém a ser gentil, mas é possível promover o contágio da gentileza dentro da empresa se essa for uma estratégia organizacional.

Perceber o que é importante para os funcionários, o que tem valor, o que traz satisfação para eles e promover sentimentos de felicidade é um grande diferencial.

O desejo universal do ser humano é se sentir importante, reconhecido, valorizado e aceito. O modelo de *Gestão com gentileza* cria relações mais saudáveis, resgata gestos simples: um bom-dia, obrigado, desculpe, reduz a intolerância e a agressividade entre as pessoas.

Seguramente, posso afirmar que a gentileza é uma ferramenta para se humanizar as relações no mundo corporativo, garantindo mais bem-estar e felicidade às pessoas, bem como melhores resultados financeiros e produtividade.

A gentileza é um excelente negócio e que há muito espaço para sua aplicação. O impacto da gentileza nas empresas vai muito além de agradar as pessoas. É preciso optar conscientemente por ações gentis. Em troca, tem-se alegria, ambientes mais harmônicos, engajamento e envolvimento das equipes, melhores entregas e resultados mais eficientes, com custo mínimo, bastando boa vontade para empregá-la.

"GENTILEZA NO TRABALHO É UM DIREITO SEU E NÃO UM FAVOR OFERECIDO PELA EMPRESA."
SR. GENTILEZA

Desejo muita paz, saúde, harmonia, foco, amor em abundância e, acima de tudo, GENTILEZA para que sua jornada rumo à prosperidade seja leve.

Gratidão,

Simone Salgado

REFERÊNCIAS BIBLIOGRÁFICAS

CHIAVENATO, Idalberto. *Gestão de pessoas: o novo papel dos Recursos Humanos nas organizações.* Rio de Janeiro: Elsevier, 2010.

GOLEMAN, D. *Inteligência emocional: a teoria revolucionária que define o que é ser inteligente.* Tradução de Marcos Santarrita. 2.ed. Rio de Janeiro: Objetiva, 2012, 384 p., 24ª reimpressão.